正向教育
故事系列

烏龜娜娜，
請鼓起勇氣

蘇·格雷夫斯 著　　　特雷弗·鄧頓 圖

新雅文化事業有限公司
www.sunya.com.hk

正向教育故事系列

《正向教育故事系列》全套10冊，**旨在培養孩子正向的性格強項，發揮個人潛能，活出更精彩豐盛的人生。**

在《正向教育故事系列》裏，動物們遭遇到一些孩子普遍會遇到的困境，幸好他們最後都能發揮相關的性格強項，完滿地解決事情，還得到意外驚喜。

小朋友，準備好了嗎？現在，就讓我們進入正能量世界，一起跟着

 鱷魚卡卡學**毅力**　　 大象波波學**仁慈**

 豹子達達學**團隊精神**　　 長頸鹿高高學**公平**

 河馬胖胖學**正直**　　 獅子安安學**希望**

 猴子奇奇學**審慎**　　 烏龜娜娜學**勇敢**

 老虎哈哈學**自我規範**　　 犀牛魯魯學**社交智慧**

每冊書末還設有**親子/師生共讀建議**，幫助爸媽和孩子說故事呢！

 升級功能

　　本系列屬「新雅點讀樂園」產品之一，若配備新雅點讀筆，爸媽和孩子可以使用全書的點讀和錄音功能，聆聽粵語朗讀故事、粵語講故事和普通話朗讀故事，亦能點選圖中的角色，聆聽對白，生動地演繹出每個故事，讓孩子隨着聲音，進入豐富多彩的故事世界，而且更可錄下爸媽和孩子的聲音來說故事，增添親子閱讀的趣味！

　　「新雅點讀樂園」產品包括語文學習類、親子故事和知識類等圖書，種類豐富，旨在透過聲音和互動功能帶動孩子學習，提升他們的學習動機與趣味！

　　家長如欲另購新雅點讀筆，或想了解更多新雅的點讀產品，請瀏覽新雅網頁 (www.sunya.com.hk) 或掃描右邊的QR code進入 新雅·點讀樂園 。

如何使用新雅點讀筆閱讀故事

① 下載本故事的聲音檔案

1. 瀏覽新雅網頁(www.sunya.com.hk) 或掃描右邊的QR code 進入 新雅‧點讀樂園 。

2. 點選 下載點讀筆檔案 ▶ 。

3. 依照下載區的步驟說明，點選及下載《正向教育故事系列》的聲音檔案至電腦，並複製至新雅點讀筆的「BOOKS」 資料夾內。

② 點讀故事和選擇語言

啟動點讀筆後，請點選封面，然後點選書本上的故事文字或說話的人物，點讀筆便會播放相應的內容。如想切換播放的語言，請點選每頁左上角的   圖示，當再次點選內頁時，點讀筆便會使用所選的語言播放點選的內容。

語言圖示說明

粵語
朗讀故事

粵語
講故事

普通話
朗讀故事

❸ 播放整個故事

如想播放整個故事請點選下面的圖示：

選擇語言

粵語
朗讀故事

粵語
講故事

普通話
朗讀故事

播放整個故事

播放

暫停

停止

❹ 製作獨一無二的點讀故事書

爸媽和孩子可以各自點選以下圖示，錄下自己的聲音來說故事！

1️⃣ 先點選圖示上 爸媽錄音 或 孩子錄音 的位置，再點 OK，便可錄音。

2️⃣ 完成錄音後，請再次點選 OK，停止錄音。

3️⃣ 最後點選 ▶ 的位置，便可播放錄音了！

4️⃣ 如想再次錄音，請重複以上步驟。注意每次只保留最後一次的錄音。

爸媽請使用
這個圖示錄音

孩子請使用
這個圖示錄音

大家都很喜歡烏龜娜娜，她總是很友善和很
願意幫助別人。有一次，猴子的鉛筆斷了，娜娜
便把自己的鉛筆借給他。

又有一次，獅
子跌倒了，娜娜趕
緊上前安撫他。

不過，大家最喜歡的還是娜娜的歌聲，而娜娜也很喜歡跟最好的朋友小熊一起唱歌。大家都說娜娜的歌聲真動聽。

可是，娜娜總是很害羞，害羞得不敢在課堂上回答大鳥老師的問題。

她害羞得不敢跟訪客打招呼。而在害羞的時候，娜娜總會躲進自己的龜殼裏。

　　有一天，大鳥老師說森林學校將要舉辦一次天才表演，打算邀請所有學生的家人前來觀賞。大鳥老師說大家可以想一想表演什麼有趣的項目。

　　犀牛和長頸鹿想要表演魔術，大鳥老師説這個主意不錯。大象和獅子想要表演打鼓，大鳥老師也説這個主意不錯。

　　猴子和河馬說要表演跳舞，他們的舞蹈一向非常出色。大鳥老師把大家的想法都寫下來。

　　休息的時候，小熊問娜娜想不想在天才表演時跟他一起唱歌。小熊說應該會很好玩。娜娜卻害怕站在台上，在許多人的面前唱歌，這會令她感到恐懼。

　　娜娜一直想着天才表演的事情。她雖然很喜歡跟小熊一起唱歌，但是自己實在太害羞了，所以沒有答應小熊。娜娜有點兒難過，於是去找大鳥老師傾訴。

大鳥老師說：「每個人總會有害羞的時候。」她想起自己還是隻小小鳥時，即使是在自己的生日會上也會感到害羞，於是把頭藏在翅膀下。娜娜感到很驚訝，她很難想像大鳥老師曾經是這個樣子。

　　大鳥老師說，每當她感到害羞時，就會深深
吸一口氣，讓自己放鬆一點。娜娜試着深深吸了
一口氣，果然讓自己放鬆了一點。

　　大鳥老師又提議娜娜，當她覺得害羞時，可以跟朋友傾訴。娜娜想起了小熊。大鳥老師說小熊會是個很好的傾訴對象。

　　然後大鳥老師請娜娜想一想，怎樣能幫助自己順利地跟小熊在台上唱歌。娜娜說，如果可以在龜殼裏唱歌的話，感覺會較安心。大鳥老師說這個主意也不錯。

　　天才表演當晚，所有同學的爸爸媽媽、祖父祖母、親朋好友都到場觀賞。娜娜開始覺得害羞，然後又有點擔心。這時候她記起大鳥老師的話，她深深地吸了一口氣，放鬆了心情。

娜娜告訴小熊她覺得很害羞。小熊叫娜娜不要擔心，因為他會一直在旁邊陪伴娜娜。

沒多久，娜娜和小熊要上台表演了！

　　雖然娜娜一直藏在自己的龜殼裏唱歌，但也掩
蓋不了她的動人歌聲。這是她唱得最好的一次。

　　演唱完畢，全場立即響起熱烈的掌聲和歡呼聲！娜娜感到十分驚訝，不禁把頭伸出龜殼看看。她看到觀眾們都大力拍掌，大聲歡呼。娜娜開心極了！她向觀眾躬躬，表達謝意。

表演完畢，大鳥老師稱讚大家都做得很好，
而娜娜則做得非常好。

娜娜說她很開心可以跟小熊合唱，更開心的是她能鼓起勇氣從龜殼中伸出頭來，看見大家拍掌歡呼，那真是令人難忘的情景啊！

正向心理學之父馬丁‧賽里格曼 (Martin Seligman) 與其他學者合作，研究出一套以科學驗證為基礎的正向心理學理論，提出每人都能培育及運用所擁有的性格強項，活出更豐盛的人生。

正向心理學中的性格強項分成 6 大美德 (Virtues)，共 24 個性格強項 (Character Strengths)。只要我們好好運用性格強項和應用所累積的正向經驗，日後無論是在順境或逆境中，我們仍然能從中獲得快樂及寶貴的經驗。

現在，一起來認識 24 個性格強項：

智慧與知識 (Wisdom & Knowledge)
喜愛學習 (Love of Learning)
開明思想 (Judgement)
洞察力 (Perspective)
創造力 (Creativity)
好奇心 (Curiosity)

勇氣 (Courage)
正直 (Honesty)
勇敢 (Bravery)
熱情與幹勁 (Zest)
毅力 (Perseverance)

節制 (Temperance)
謙遜 (Humility)
審慎 (Prudence)
寬恕 (Forgiveness)
自我規範 (Self-regulation)

24 個性格強項

公義 (Justice)
公平 (Fairness)
團隊精神 (Teamwork)
領導才能 (Leadership)

仁愛 (Humanity)
愛 (Love)
仁慈 (Kindness)
社交智慧 (Social Intelligence)

靈性與超越 (Transcendence)
希望 (Hope)
感恩 (Gratitude)
幽默感 (Humour)
靈修性 (Spirituality)
對美麗和卓越的欣賞 (Appreciation of Beauty and Excellence)

烏龜娜娜一直很害羞，這讓她什麼都不敢嘗試。學校將要舉辦天才表演，娜娜雖然擁有一把動人的聲線，但卻不敢參加，因為她害怕站在台上，面對觀眾。

　　大鳥老師的提議和小熊的鼓勵，讓娜娜終於發揮出**勇敢**這個性格強項，**克服**心理上的**恐懼**，勇敢面對挑戰而**不畏縮**。雖然娜娜仍然躲在龜殼裏唱歌，但就是因為她踏出了這一步，讓自己獲得了**肯定**，而伴隨着大家的掌聲和歡呼聲，她最終伸出頭來，這將會使她更有**自信地**往前行。

親子 / 師生共讀建議

讀完故事後，和孩子談談這本書：

① 與孩子談談故事情節，鼓勵孩子按時間順序複述故事的情節。

② 與孩子談談娜娜害羞的性格。她在故事中什麼時候感到害羞？問問孩子自己曾否也感到害羞呢？例如當自己到新的學校上課、參加學校表演、在課堂上回答問題等。

③ 請孩子想一想有什麼方法可以克服焦慮和害羞。大鳥老師給了娜娜什麼提議？

④ 邀請孩子一起做深呼吸練習，然後分享感覺。與孩子談談有沒有其他方法可以紓緩自己緊張的情緒。例如拿着心愛的玩具或是找朋友傾訴。

⑤ 請孩子想一想，如果有朋友感到害羞和焦慮時，他們會怎樣做？

正向教育故事系列（修訂版）

烏龜娜娜，請鼓起勇氣

作　　者：蘇·格雷夫斯（Sue Graves）
繪　　圖：特雷弗·鄧頓（Trevor Dunton）
翻　　譯：張碧嘉
責任編輯：趙慧雅、龐頌恩、劉紀均
美術設計：蔡學彰
出　　版：新雅文化事業有限公司
　　　　　香港英皇道499號北角工業大廈18樓
　　　　　電話：（852）2138 7998
　　　　　傳真：（852）2597 4003
　　　　　網址：http://www.sunya.com.hk
　　　　　電郵：marketing@sunya.com.hk
發　　行：香港聯合書刊物流有限公司
　　　　　香港荃灣德士古道220-248號荃灣工業中心16樓
　　　　　電話：（852）2150 2100　傳真：（852）2407 3062
　　　　　電郵：info@suplogistics.com.hk
印　　刷：中華商務彩色印刷有限公司
　　　　　香港新界大埔汀麗路36號
版　　次：二〇二〇年九月初版
　　　　　二〇二三年三月第四次印刷

ISBN : 978-962-08-7512-0
Originally published in the English language as "*Behaviour Matters! Turtle comes out of her shell (A book about feeling shy)*"
Text © The Watts Publishing Group 2018
Illustrations © Trevor Dunton 2018
Copyright licensed by Franklin Watts, an imprint of Hachette Children's Group, Parts of the Watts Publishing Group
Traditional Chinese Edition © 2019, 2020 Sun Ya Publications (HK) Ltd.
18/F, North Point Industrial Building, 499 King's Road, Hong Kong
Published in Hong Kong SAR, China
Printed in China